표정 있는 미얀마

The Kingdom of Gold

임찬호 글.사진

Contents

Prologue

30여 년간 몸담았던 LG 그룹에서의 마지막 보직인 고객센터 대표이사 시절, 현장에서 직원들이 고객과 대화하는 모습을「표정 있는 목소리」라는 제목의 사진으로 담아 내다가 감히 사진 세계를 넘보게 되었다.

길지 않은 여정에 한 나라의 모습을 모두 사진으로 담아 낸다는 것이 결코 쉬운 일이 아니었으나 옛 직장 동료이자 배낭여행 전문가인 김태희 부장과 단둘이서 떠난 미얀마 배낭 여행에서 자연의 아름다움과 함께 미얀마 불자들과의 따뜻한 소통이 있었기에 용기를 낼 수 있었다.

과거 우리에게 버마라고 알려진, 조금은 낯선 나라 미얀마는 한반도 3배 정도의 크기에
6천만의 인구가 살고 있는 동남 아시아에서 가장 큰 나라,
어디서든 탁발하는 스님들에게 공양을 바치는 불심이 깊은 불자Buddhist 들을 만날 수 있는 불교의 나라답게 엄청난 불교 문화유산을 가지고 있을 뿐만 아니라 풍부한 관광 자원을 보유하고 있어서 향후 태국 이상의 관광 국가로 성장할 잠재력이 매우 큰 나라이다.

아직은 우리에게 매우 생소하지만 수많은 불교 문화 유산과 함께 이제 막 개혁과 개방이 진행되고 있는 맑고 깨끗한 나라 미얀마를 카메라를 메고 여행을 하면서 많은 것을 보고 느끼고 배울 수 있었다.

삶이 늘 행복하기만 하겠는가?

고통을 묵묵히 견뎌내는 삶의 지혜를 미얀마 사람들의 미소를 통해서 배웠다.

부처님과 함께 현실세계를 평화롭고 행복하게 살아가는 사람들
남에게 폐를 끼치는 것을 싫어하는 선한 사람들
135개의 소수 부족이 함께 어울려 조화롭게 살아가는 착한 사람들
한류가 무엇인지 이해하고 있는 사람들….

부처님과 함께 선하게 살아가는 황금의 나라 미얀마는 이제 우리에게 더 이상 낯선 나라가 아니다.

여행 내내 카메라를 들고 만나는 미얀마 사람들과 서툰 언어로, 때로는 눈과 손짓으로 대화하는 동안 그들의 순수한 표정에서 조금이나마 그들의 삶의 가치가 무엇인지 이해 할 수 있었다.

여행 중 마주치는 아이들의 눈이 무척이나 순수하고 예뻐서 사진의 초점이 미얀마 풍경에서 슬며시 인물로 옮겨지곤 하였는데 미래의 아이들이 교육을 받지 못하고 생활전선에서 일하는 것을 보면서 여행 내내 안타까운 마음이 들기도 했다.

낯선 배낭 여행객인 나와 카메라 앞에서 기꺼이 표정 있는 모델을 허락해 주신 분들과 미얀마 아이들에게 감사의 인사를 전하며 이「표정 있는 미얀마」가 아직은 낯선 나라 미얀마를 알고 이해하는데 많은 도움이 되었으면 한다.

아울러 이 책의 모든 수익은 해외 어린이교육후원회 (사)올마이키즈를 통해 미얀마 어린이 교육을 위해 사용하고자 한다.

여휘 임찬호

Foreword

여행의 영성

어렸을 때부터 자주 들었던 나라… 미얀마… 한 때는 버마라고 일컬어지던 나라… 동남아시아의 축구 강국이었던 나라… 결코 낯설지 않은 나라였건만 지금은 많이 낯설어지게만 여겨지는 나라…
이 낯설고도 친근한 나라에 임찬호 대표가 다녀왔다. 그의 소박한 글과 사진을 감상하면서 문득 여행에 관한 막연한 이미지들이 떠오른다. 나도 어딘가로 떠나야겠다는 숨겨진 충동이 은근히 솟아오른다. 여행… 미지의 세계로… 그러나 그것은 관람이나 즐김이 아니라 하나의 영적인 순례로…

임찬호 대표의 글과 사진은 단지 미지의 세상 사람이 살아가는 방식과 모습을 호기심 차원에서 그려내는 것에 그치지 않는다. 오히려 그것은 여행을 통한 만남과 기다림 그리고 사건을 통해서 자신이 이 세상에서 의미 있는 가치를 위하여 순례하는 자임을 깨닫게 한다. 그래서 나도 지금 그 영적인 순례에 간접적이나마 이 글을 통하여 동참하는 바이다. 임찬호 대표의 글과 사진은 나에게 많은 여운과 감흥을 가져다준다.
아마도 적지 않은 사람들이 여행에 대해서 꿈을 꾸고 있을 것이다.

그 여행의 형태가 어떠한 것이고 또 어떠한 목적을 지니고 있는지에 대해서는 차치하고 말이다. 그리고 그것이 구체적이지도 않고 막연한 것이라고 하더라도 말이다.

여행은 단지 어떠한 것을 보고 즐기는 차원에 그치지 않는다. 그것은 자신이 지금까지 살아온 자리를 떠남과 동시에 자신의 삶을 되돌아보는 기회를 주는 자리이다.

여행은 지금까지의 삶에서 떠나지만 오히려 지금까지의 삶에 새로운 의미와 충만함을 주기 위한 기회이기도 하다. 미얀마 여행 중 일어나는 새로운 만남과 경험은 한동안 잊고 지낸 나의 지나간 삶을 회상시킨다. 그래서 바로 그러한 이유로 나의 앞으로의 삶에 새로운 기회를 제공한다.

임찬호 대표는 여행을 하면서 많은 시간을 기다리면서 묵상한 듯하다. 그의 사진에는 어김없이 기다림의 흔적이 보이기 때문이다. 기실 기다림은 여행 중에서 없어서는 안 되는 중요한 요소이다. 그것은 단지 시간을 아무 의미 없이 지나 보내는 수동적인 차원에 머물지 않는다.

여행은 곧 앞으로 자신의 앞에 무엇이 올지를 기대하게 하는 기다림이다. 자동차를 기다리면서… 기차를 기다리면서… 그리고 비행기를 기다리면서… 여행자는 언제나 새로운 사건을 고대한다. 그 기회를 통해서 자신의 삶에 새로운 의미를 발견하게 된다.

만남과 함께함 또한 여행의 필수 요소가 된다. 여행은 누군가와 함께하는 것이다.

함께 여행을 동반하는 동료와 함께 하는 것일 수도 있지만... 설령 홀로 여행을 한다손 치더라도 어느 시간에 어느 특정한 장소에 가는 것은 결국 그곳에 있는 어느 특정한 인물을 만나는 것을 전제한다. 사막을 가더라도 아니면 무인도를 가더라도 궁극적으로는 자신과의 만남 또는 신적인 존재와의 만남이 일어나게 된다. 그리고 그러한 존재와 함께 함을 통해서 더욱 자기 고유의 자신이 되어간다.

여행은 또한 새로운 삶을 향해 나아가는 준비라고 할 수 있다.

여행을 위하여 무엇인가를 준비하는 것도 있겠지만... 여행 자체가 새로운 삶으로 나아가는 준비 작업이다. 여행은 지나온 삶으로부터의 이별이지만 새로운 삶으로 들어가는 진입로이기도 한 것이다.

여행은 익숙하지 않은 것을 익숙하게 수용하는 법을 배우는 자리이다.

이를 통해서 여행자는 더욱더 관대하여 지고 더욱더 충만하여 진다. 때로는 그 과정이 고통스러울 수는 있겠지만... 결국 여행자는 이를 통해서 더욱 성장해 간다.

다른 문화... 다른 기후... 다른 성격... 이 모든 것들이 처음에는 낯설더라도 언젠가 친근한 나의 일부분이 되어간다.

노고산 연구실에서

이규성 신부

Backpacking Itinerary

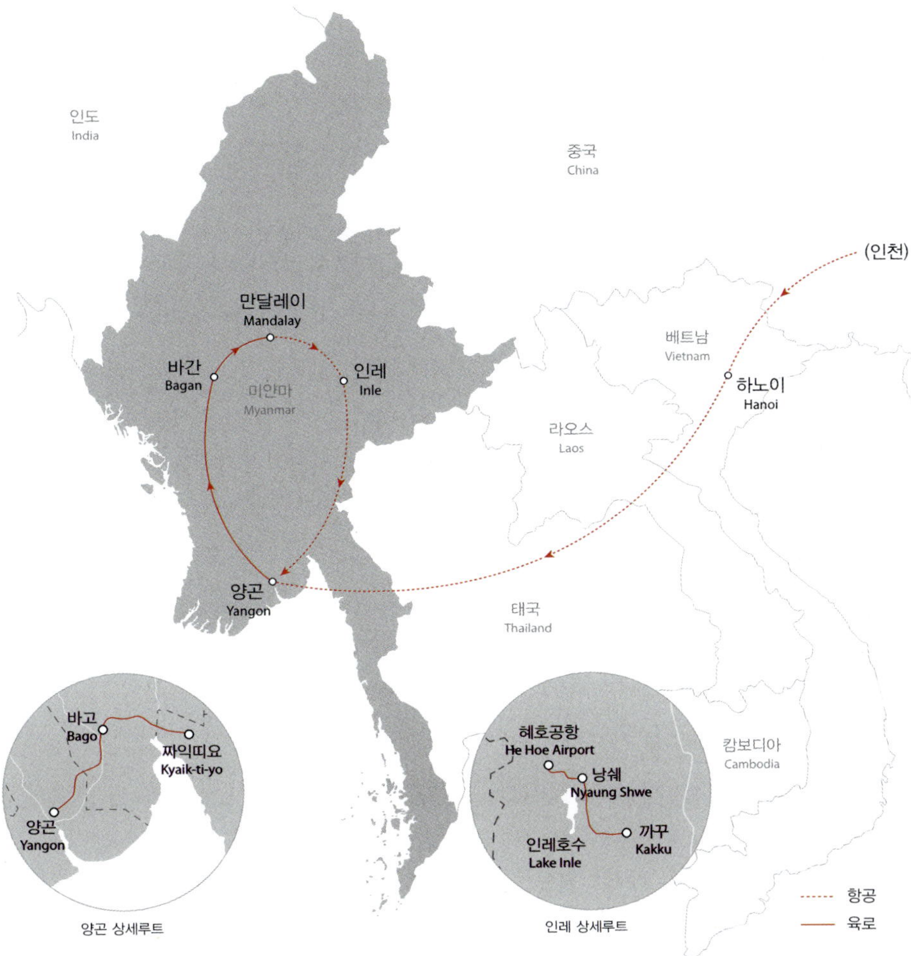
인도
India
중국
China
(인천)
만달레이
Mandalay
바간
Bagan
인레
Inle
미얀마
Myanmar
베트남
Vietnam
하노이
Hanoi
라오스
Laos
양곤
Yangon
태국
Thailand
캄보디아
Cambodia
바고
Bago
짜익띠요
Kyaik-ti-yo
양곤
Yangon
양곤 상세루트
혜호공항
He Hoe Airport
낭쉐
Nyaung Shwe
까꾸
Kakku
인레호수
Lake Inle
인레 상세루트
항공
육로

Backpacking Itinerary

day 1		인천 → 하노이 → 양곤 (경유)
day 2	**양곤**	양곤시내 양곤 → 바간 (심야버스 이동)
day 3	**바간**	바간 일출 올드 바간
day 4	**바간**	뽀빠산과 낭우 지역
day 5	**만달레이**	바간 → 만달레이 (시외버스 이동) 만달레이 힐 / 시내
day 6	**만달레이**	우베인 브릿지 / 시내 / 전통시장
day 7	**만달레이**	잉와 지역
day 8	**만달레이**	밍군지역 / 우베인 브릿지 일몰

day 9	**인레**	만달레이 → 인레 (국내선) 인레호수
day 10	**인레**	인레호수 일일 보트 여행
day 11	**인레**	인데인 유적지
day 12	**인레**	까꾸 유적지
day 13	**양곤**	인레 → 양곤 (국내선)
day 14	**양곤**	짜익띠요
day 15		양곤 → 하노이 → 인천 (경유)
day 16		인천 도착

Section I

양곤 Yangon

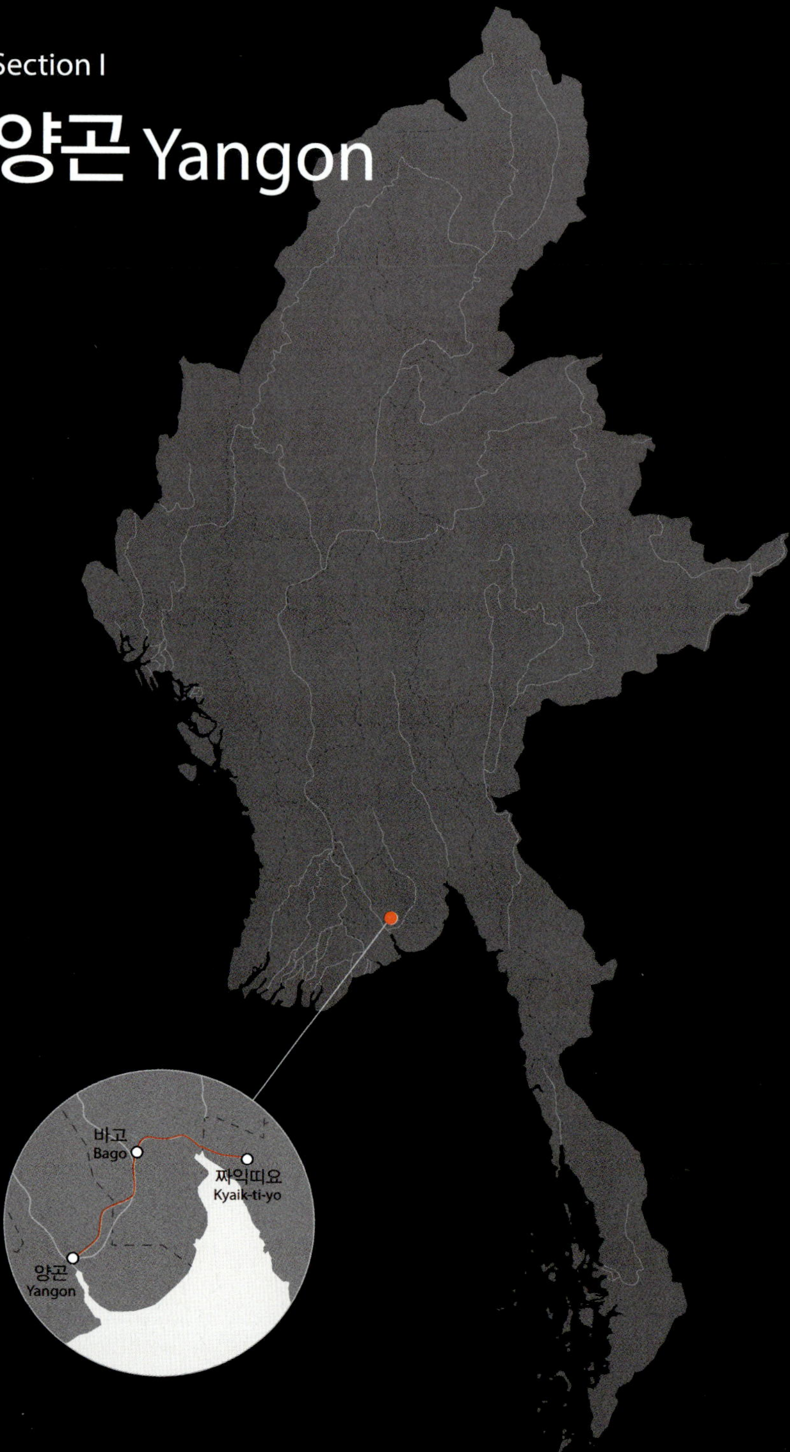

chapter 1

순환 열차에서 만난 사람들

People on the Yangon Circular Train

시내와 외곽 주변을 아주 느리게 오가는 양곤 순환 열차는 양곤 현지 사람들을 아주 가까이에서 만나고 그들의 정취를 함께 느끼면서 미얀마를 이해할 수 있는 최적의 여행 수단이다.

시간이 여유로운 여행자라면 반드시 타 볼 가치가 있다.

무엇을 굳이 하지 않아도 되는 기차여행은 카메라를 들고 주변을 돌아보는 일에만 집중할 수 있어 그들의 삶을 제일 편한 방법으로 들여다 볼 수 있는 좋은 기회가 된다.

한 시간 간격으로 하루에 10편 정도만 운행하는 열차는 양곤 중앙역을 기점으로 총 38개 역, 46km의 거리를 우리의 지하철 2호선처럼 서로 반대 방향으로 순환하고 있어서 필요한 역에서 자유롭게 타고 내릴 수 있으며 한 바퀴 도는 데는 약 3시간 정도 소요된다.

현재는 일본에서 수입된 중고 여객차와 화물차가 서로 혼합하여 완행으로 운영되는데 내부는 꽤 낡고 에어컨 없이 선풍기만 작동되고 있어 좀 더운 편이지만 창과 문이 모두 열린 상태로 운행되기 때문에 시원한 창가 바람을 맞을 수 있다.

철길 주변의 시골풍경과 이곳 저곳에서 열리는 마을 장터의 서민 분위기가 매우 정겹게 느껴질 뿐 아니라 가끔 기차역에서 제법 큰 장터가 열려 때때로 기차역은 근사한 시장터로 변한다.

순환 열차는 유명 관광지와는 연결이 안 되지만 국제공항을 지나고 있어서 양곤 지역 사람들의 중요한 교통 수단이 되어준다. 양곤 상인들이 큰 짐을 들고 타고 내리는 모습들을 자주 볼 수 있다.
승차 요금은 양곤 사람들과 동일한 200짯으로 매우 저렴한 편이며 중간에 검표원에게 기차표를 보여 주어야 한다.
한 바퀴 전체를 도는 양곤 사람들은 거의 없어서 외국 여행객들은 의자에 가만히 앉아만 있어도 옆과 앞자리에서 다양한 양곤 사람들을 자연스럽게 만날 수 있다.

열차 내부는 긴 나무의자로 되어 있어서 편하게 앉을 수 있으며 중간 중간 다양한 먹거리를 파는 행상도 자주 올라 와 입과 눈이 심심하지 않다.
아이스크림, 푸른 망고, 코코넛, 귤, 두부 등을 파는 상인들이 다양한 재미를 더해 주어서 창 밖의 다양한 모습과 함께 그냥 편안하게 기차 안 풍경을 즐기며 색다른 힐링의 시간을 가질 수 있다.

기다림 _ 127cm x 85cm _ 2017.05 _ 양곤 순환 열차

Canon EOS 5D Mark III, FL 100mm

가족 _ 127cm x 85cm _ 2017.05 _ 양곤 순환 열차

Canon EOS 5D Mark III, FL 100mm

검표 _ 117cm x 78cm _ 2017.05 _ 양곤 순환 열차

Canon EOS 5D Mark III, FL 100mm

양곤스타일 (여성)_ 132cm x 88cm _ 2017.05 _ 양곤 순환 열차

Canon EOS 5D Mark III, FL 100mm

Life

흥정 _ 111cm x 74cm _ 2017.05 _ 양곤 순환 열차

Canon EOS 5D Mark III, FL 100mm

국민신발 _ 125cm x 83cm _ 2017.05 _ 양곤 순환 열차

Canon EOS 5D Mark III, FL 100mm

양곤스타일 (남성)_ 135cm x 90cm _ 2017.05 _ 양곤 순환 열차

Canon EOS 5D Mark III, FL 100mm

쉼 _ 114cm x 76cm _ 2017.05 _ 양곤 순환 열차

Canon EOS 5D Mark III, FL 100mm

열림 _ 125cm x 83cm _ 2017.05 _ 양곤 순환 열차

Canon EOS 5D Mark III, FL 100mm

삶 _ 135cm x 90cm _ 2017.05 _ 양곤 순환 열차

Canon EOS 5D Mark III, FL 100mm

구내 장터 _ 123cm x 82cm _ 2017.05 _ 양곤 순환 열차

Canon EOS 5D Mark III, FL 100mm

삶의 터전 _ 105cm x 70cm _ 2017.05 _ 양곤 순환 열차

스마트 폰 LG-F 600L

Red Bull

시선 _ 105cm x 70cm _ 2017.05 _ 양곤 순환 열차

스마트 폰 LG-F 600L

chapter 2

짜익띠요

Kyaik-ti-yo

수행자(ti) **머리위로 옮겨진**(yo) **파고다**(kyaik)

짜익띠요Kyaiktiyo 파고다는 미얀마 3대 불교 성지의 하나로 미얀마 불자Buddhist 들이 가장 신성하게 여기는 곳이다.

부처님의 불발(佛髮 부처님 머리카락)이 모셔져 있는 이 파고다는 해발 1,102m 의 절벽 위 아슬아슬한 거대한 바위 위에 있어 마치 우리 설악산의 흔들바위 같은 모양을 하고 있다.

양곤에서 약 130km 정도 떨어진 이곳을 여행하기 위해서는 꼬박 하루가 소요되며 실제 파고다 앞까지는 산 아래 낀뿐 트럭 정류장에서 정상까지 정부가 운행하는 별도의 전용 픽업 트럭으로 40분 정도 더 이동해야 한다.

산을 오르고 내릴 때 35명 전원이 모두 타야 출발하는 지역 전용 교통 수단인 이 트럭은
험한 산을 아슬아슬하게 질주하는, 무척 거칠지만 뿌리칠 수 없는 매력을 가지고 있다.
우기철에는 강수량이 많아 파고다까지의 접근이 쉽지 않다고 하는데,
5월인데도 하산 시 억수 같은 비가 와서 긴장했지만 다행히도 부처님의 은덕으로 세월의 때를 깨끗이 씻어내고 안전하게 돌아올 수 있었다.

높이 7.5m 둘레 24m 의 황금바위Golden Rock 파고다는 국내는 물론 해외 불자들도 끊임없이 모여드는 곳으로 수 많은 불자들의 헌신적인 금박 보시로 인해 금 두께가 계속 늘어나고 있다.
엄청난 황금 바위가 공중에 떠 있으니 그저 신기하기만 하다.

이곳 역시 소승불교의 영향으로 파고다 바로 아래 부분은 여성의 출입이 제한되어 있어서 금박 보시는 주로 남성들에 의해서만 행해진다.

미얀마 사람들이 평생에 한 번은 꼭 가 보고 싶어하고 세 번 방문하면 부자가 된다고 하는 이곳을 불자가 아니더라도 한 번 쯤 방문해 보는 것도 좋을 것이다.

부자가 될 수 있다는데 세 번 쯤 이야….

1

35인승 전용 트럭 _ 105cm x 158cm _ 2017.05 _ 짜익띠요

스마트 폰 LG-F 600L

황금으로 빛나는 불심 _ 151cm x 101cm _ 2017.05 _ 짜익띠요

스마트 폰 LG-F 600L

파고다 티[Thi]_ 47cm x 31cm _ 2017.05 _ 짜익띠요

Canon EOS 5D Mark III, FL 100mm

금박 보시하는 불자 _ 45cm x 45cm _ 2017.05 _ 짜익띠요
Canon EOS 5D Mark III, FL 100mm

chapter 3

황금파고다

Golden Pagoda

미얀마어로 쉐Shwe는 황금이라는 뜻이다.

그래서 양곤 시내에 있는 쉐다곤Shwedagon은 "황금의 언덕", 양곤에서 약 80km 거리의 바고Bago에 있는 쉐모도Shwemawdaw는 "황금의 신" 이라는 의미를 가지고 있다.

쉐다곤은 양곤 시내에 있는 부처님의 불발 8가닥이 모셔져 있는 파고다로는 가장 유명하기는 하나, 높이에 있어서는 쉐모도가 113m로 99m인 쉐다곤보다 14m 더 높아서 현존하는 파고다 중에서 가장높다.

그러나 미얀마의 자존심은 역시 쉐다곤으로 미얀마 사람들은 평생에 한 번은 가야 한다고 믿고 있고, 우리나라 스님들과 불자들도 성지순례 장소로 많이 찾는 곳이다.

이 두 파고다의 상층부 티Thi는 모두 각종 보석으로 장식되어 있는데 특히 쉐다곤은 76캐럿의 다이아몬드를 포함해서 총 4,351개의 다이아몬드와 2,317개의 루비, 사파이어, 대형 에메랄드 등으로 장식되어 있어서 화려하면서도 매우 신비스럽게 보인다.
이 황금빛 파고다들은 양곤과 바고 시내 어디에서나 보이며 특히 야간이 되면 영롱한 황금빛으로 사람들의 시선을 사로 잡는다.

양곤의 영혼 "쉐다곤 파고다"

1453년에 세워진 쉐다곤은 옛 왕조의 여왕이 황금을 기부하고 백성들이 수십 톤의 금을 모아 지은 것으로 외벽은 약 13,000여 개의 금 판으로 구성되어 있는데 그 무게가 60톤이 넘고 현재도 계속해서 불자들이 보시하는 금이 부착되고 있어서 파고다 내의 금의 양은 정확히 알 수가 없다.

쉐다곤 파고다 내부에 있는 부처님은 금빛 찬란한 장삼을 걸치고 있으며 파고다 주변의 자유로운 조각상인 수많은 수호신들도 다양한 금빛 옷을 입고 있으나 세월의 흔적이 곳곳에 남아 있다.

이외에도 미얀마 전역에서 금빛 찬란한 파고다를 수없이 만날 수 있는데 각종 사원에서 행해지는, 내세의 행복을 기원하는 미얀마 불자들의 간절한 불상 금박보시 모습을 보면 미얀마는 황금의 나라임에 틀림이 없다.

최고의 불심 _ 46cm x 41cm _ 2017.05 _ 쉐모도 파고다

Canon EOS 5D Mark III, FL 100mm

양곤의 영혼 _ 187cm x 125cm _ 2017.05 _ 쉐다곤 파고다
Canon EOS 5D Mark III, FL 100mm

금빛 장삼을 걸친 부처 _ 121cm x 121cm _ 2017.05 _ 쉐다곤 파고다

Canon EOS 5D Mark III, FL 100mm

선함 _ 95cm x 95cm _ 2017.05 _ 쉐다곤 파고다
Canon EOS 5D Mark III, FL 100mm

세월의 흔적 _ 106cm x 106cm _ 2017.05 _ 쉐다곤 파고다
Canon EOS 5D Mark III, FL 100mm

Section II

바간 Bagan

chapter 4

천 년 왕국

Millennium Kingdom

chapter 4

천 년 왕국

Millennium Kingdom

만달레이 남쪽에 있는 고대 도시 바간은 42km^{2}의 광활한 넓은 들판과 열대 정글 속에서 천 년 이상을 견뎌 온 3,500여 개 이상의 크고 작은 수많은 파고다와 함께 엄청난 불교 유적이 남아있는 세계 3대 불교 유적지 중의 하나이다.
파고다는 현재도 지어지고 있어서 정확한 수를 알기는 어렵다.

사실 불교의 발상지는 인도이지만 미얀마 특히 바간을 둘러보면 동남아 최대의 불교 종주국다운 면모를 눈으로 확인 할 수 있다. 전체 인구의 90% 이상이 불교를 믿는 미얀마 사람들에게 불교는 생활이며 그들의 의식이며 문화 그 자체이다.

미얀마인이 된다고 하는 것은 곧 불교도가 된다는 것을 의미한다.

바간

이곳의 건조한 들판 위에 광활하게 펼쳐져 있는 수많은 사원들은 옛 바간 왕조시절 당시 왕이나 귀족 그리고 재력가들의 헌신적인 보시로 정성스럽게 지어졌다.
크고 작은 파고다를 순례하는 것만으로도 우리 이방인들의 눈에는 무척이나 신기한데 파고다 내부의 각종 불화나 외부의 다양한 부조의 모습에서 당시의 생활상도 엿보는 소소한 재미가 있다.

바간 지역에는 아난다Ananda, 쉐지곤Shwezigon 등 여러 파고다가 있지만 1057년에 세워진 성스러운 금빛 머리카락이라고 하는 이름의 부처님 불발이 모셔져 있는 쉐산도Shwe San Daw 파고다가 특히 유명하다.
높은 경사면을 따라 직접 파고다 위로 올라설 수 있는데 주변에 파고다의 불탑 이외에는 높은 건물이 없어서 바간 지역의 광활한 파고다 군을 가장 운치 있게 볼 수 있을 뿐 아니라 일몰 일출과 함께 과거 바간 왕조의 불교 유적을 한 눈에 파악할 수 있다.

일몰 일출 시에 쉐산도 파고다 맨 위에 올라서면 360도 사방을 조망 할 수 있는 꽤나 넓은 공간에 나처럼 카메라를 든 수 많은 사람을 만나게 된다.

천 년 왕국과 함께 오렌지색으로 물들어 가는 바간의 일몰은 그야말로 장관이다.

바간에는 쉐산도 이외에도 직접 올라 느긋하게 주변을 돌아볼 수 있는 블레티Bulethi 등 파고다가 여럿 있으며 양곤의 쉐다곤, 바고의 쉐모도 파고다의 원형으로 알려져 있는 쉐지곤 파고다에서도 역시 금빛 찬란한 상층부 우산 티Thi를 볼 수 있다.

바간 지역은 크게 올드바간, 뉴바간, 그리고 낭우Nyaung-U 지역으로 나누어 지는데 유적지들은 주로 올드바간에 집중되어 있으며 보통 낭우 지역이 바간을 돌라보는 주요 거점 지역이지만 최근 뉴바간에 새로운 호텔이나 식당들이 많이 세워지고 있다.

이곳을 돌아보는 방법은 마차나 택시, 전기자전거 등이 있지만 날씨나 지역의 크기를 고려했을 때 경험으로는 우리의 스쿠터에 해당하는 전기 오토바이가 최적인 듯하다. 이 전기 오토바이의 일일 대여료는 7,000 짯으로 비교적 저렴하고 남녀 모두 쉽게 탈 수 있어서 바간 지역에서 우리 같은 백패커들에게는 가장 유용한 교통 수단이 되어준다.

바간을 한 눈에 보는 또 다른 방법은 열기구를 타는 것인데 성수기에만 운영하고 있어서 아쉽게도 이번 여행에서는 탈 수가 없었다.

낭우에서 자동차로 한 시간 반 거리에 있는 기묘하게 생긴 돌산 뽀빠산의 높이는 1,507m로 불교와는 좀 색다른 미얀마의 옛 토속 신앙을 경험 할 수 있는 곳이다.

매년 가을이면 이곳에서 성대한 축제가 열린다.

광활한 파고다군 _ 186cm x 124cm _ 2017.05 _ 바간

Canon EOS 5D Mark III, FL 24mm

쉐산도의 일몰 _ 130cm x 196cm _ 2017.05 _ 바간

Canon EOS 5D Mark III, FL 24mm

금빛 찬란한 티[Thi] _ 135cm x 135cm _ 2017.05 _ 바간

Canon EOS 5D Mark III, FL 100mm

뽀빠산 정상의 사원 _ 118cm x 118cm _ 2017.05 _ 바간
Canon EOS 5D Mark III, FL 100mm

Section III

만달레이 Mandaley

chapter 5

마하무니 파고다, 우베인 다리

Mahamuni Pagoda, U-Bain Bridge

chapter 5

마하무니 파고다, 우베인 다리

Mahamuni Pagoda, U-Bain Bridge

버마의 마지막 왕조 꼰바웅 왕조의 수도였던 미얀마의 두 번째 도시 만달레이는 양곤과 함께 미얀마 최대의 불교문화 중심지이다.

꼰바웅 왕조는 1885년 막을 내렸고, 만달레이는 2차 대전 중 일본에 의해 대부분 파괴되었지만 역사적인 불교 유적이 아직도 이 곳 저 곳에 많이 남아 있다.

이곳 만달레이에는 미얀마 3대 불교 성지 중 하나인 마하무니Maha Muni 파고다가 있다. 이 사원 내에 있는 높이 3.8m의 황동 불상은 2500년 전에 만들어진 것으로 미얀마 온 국민이 추앙하고 있으며 그 영험한 기운이 매우 커서 미얀마의 불자들은 물론 다른 나라에서 순례 온 수많은 불자들이 늘 붐비는 곳이다.

불상을 향한 정성스러운 불자들의 금박 보시로 인해서 이제 그 불상은 매우 울퉁불퉁한 모습을 하고 있는데 그 금박 두께만 15cm가 넘는다고 한다.

미얀마 소승불교의 교리 특성상 불상을 향한 여성의 출입은 금지되어 있어서 금박 보시는 늘 불상을 둘러싸고 있는 남자들의 손에 의해서만 행해진다.

만달레이에서 남쪽으로 11km 떨어진 따웅떠만Thaungthaman 호수에서는 만달레이 최고의 관광 포인트이며 약 200년 전에 만들어진 세계에서 가장 오래된 목조다리인 우베인다리를 만날 수 있다.
길이가 1.2km로 근처의 어와 궁전에서 가져온 1,086 개의 티크 기둥으로 이루어진 목조다리는 건설자의 이름을 따서 우베인이라 이름지었다고 한다.

세계 3대 목재 중의 하나인 잘 썩지 않고 내구성이 뛰어난 고급 목재 티크로 만들어져 오랜 세월 자리를 지키고 있는 이 목조다리는 세월의 흔적이 곳곳에 남아있지만 아직도 튼튼하게 사람들의 다리가 되어 주고 있다.

우베인 다리는 중간 중간이 휘어져 연결되어 전체 모습을 한 눈에 볼 수는 없지만 낮 시간 다리 주변과 따웅떠만 호수 위에 배를 띄워서 바라보는 일몰은 목조 다리와 함께 가히 환상적이다.

국민 신발인 슬리퍼를 신고 느긋하게 우베인 다리를 오가는 미얀마 사람들을 찬찬히 바라보는 것 만으로도 충분한 힐링이 된다.

불심 _ 101cm x 101cm _ 2017.05 _ 마하무니 불상

스마트 폰 LG-F 600L

가족의 행복을 기원하며 _ 99cm x 99cm _ 2017.05 _ 마하무니 불상

스마트 폰 LG-F 600L

Nikon

사업의 성공을 기원하며 _ 94cm x 94cm _ 2017.05 _ 마하무니 불상
Canon EOS 5D Mark III, FL 100mm

우베인 다리 _ 31cm x 47cm _ 2017.05 _ 만달레이

Canon EOS 5D Mark III, FL 24mm

200년을 걷다 _ 25cm x 38cm _ 2017.05 _ 만달레이

Canon EOS 5D Mark III, FL 100mm

父子 _ 31cm x 46cm _ 2017.05 _ 만달레이

Canon EOS 5D Mark III, FL 100mm

동행 _ 31cm x 46cm _ 2017.05 _ 만달레이
Canon EOS 5D Mark III, FL 100mm

Traffic _ 30cm x 45cm _ 2017.05 _ 만달레이

Canon EOS 5D Mark III, FL 24mm

배 위에서의 일몰 _ 31cm x 46cm _ 2017.05 _ 만달레이

Canon EOS 5D Mark III, FL 24mm

Section IV

인레 Inle

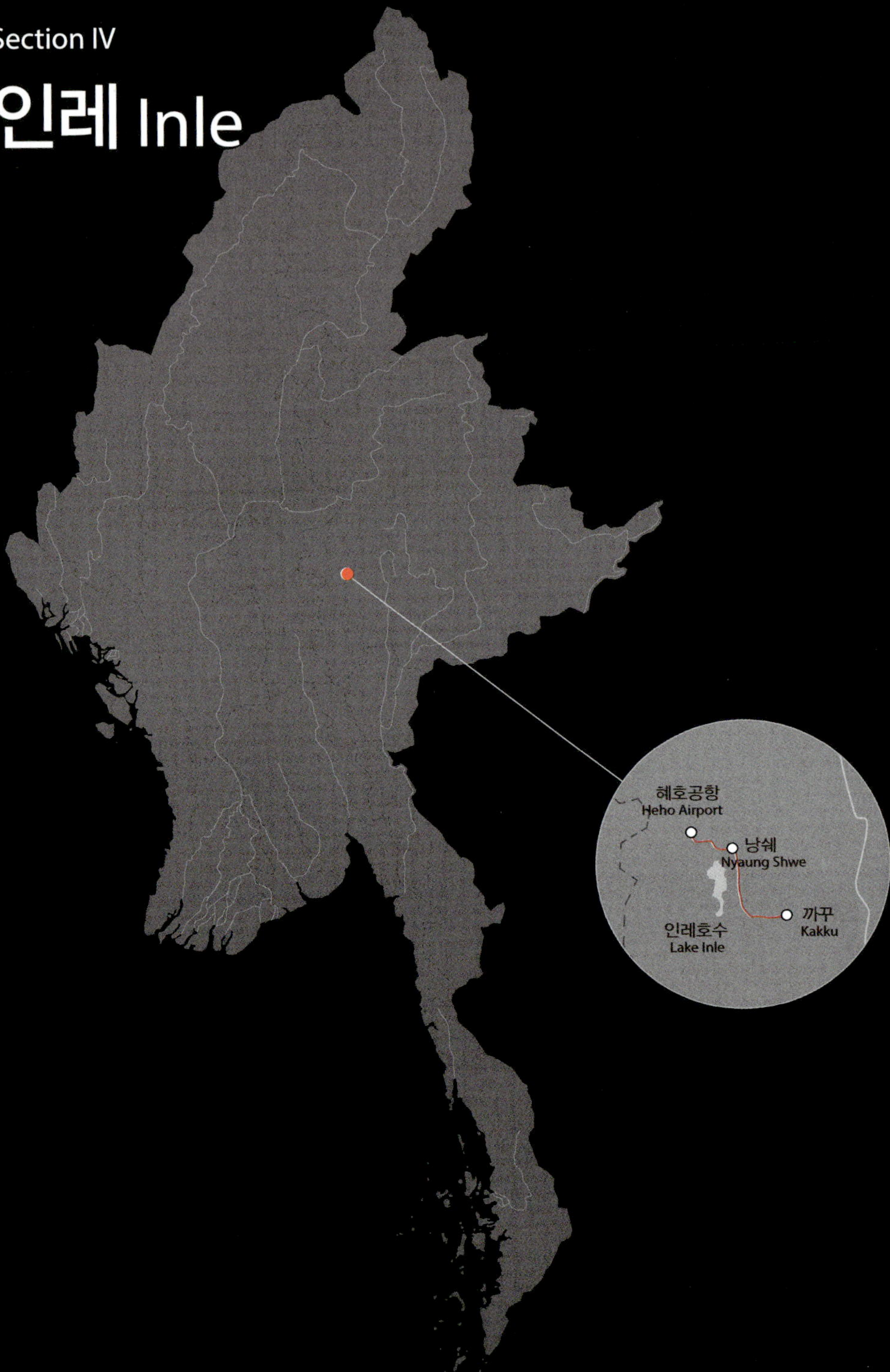

chapter 6

인레호수

Lake Inle

미얀마에 오면 반드시 둘러봐야 할 핵심지역 중의 하나인 인레호수는 해발 875m의 고원지대에 위치한 일종의 산정호수로 낭쉐Nyaungshwe 는 이 호수의 거점 마을이다.

만달레이에서 혜호Heho 공항까지 국내선으로 30분 거리, 공항에서 인레호수까지는 택시로 한 시간 정도 소요된다.

남북으로 최대 22km, 폭이 11km인 최대 수심 6m의 호수로, 낭쉐 지역을 베이스 캠프로 해서 호수 주변과 함께 인데인과 샨주의 주도 따웅지, 그리고 까구 지역 등을 돌아볼 수 있다.

아늑하게 병풍에 싸인 듯한 주변 산과 함께 호수 주변 여기 저기에서 다양한 삶을 가꾸어가는 여러 소수 부족 사람들을 만날 수 있는 차분한 수상 마을뿐만 아니라 호수의 아름답고도 다양한 풍광을 보며 편히 쉴 수 있어서 여행 후반부에 오래 머물러도 좋고 좀 더 시간이 있다면 주변 지역을 다양한 트레킹으로 걸어 보아도 좋은 곳이다.

수상밭 _ 130cm x 196cm _ 2017.05 _ 인레호수

Canon EOS 5D Mark III, FL 100mm

삶의 터전 _ 135cm x 203cm _ 2017.05 _ 인레호수

Canon EOS 5D Mark III, FL 100mm

새들의 군무 _ 109cm x 164cm _ 2017.05 _ 인레호수

Canon EOS 5D Mark III, FL 100mm

마실 가는 길 _ 128cm x 192cm _ 2017.05 _ 인레호수
Canon EOS 5D Mark III, FL 100mm

수상 가옥 _ 128cm x 192cm _ 2017.05 _ 인레호수
Canon EOS 5D Mark III, FL 100mm

불심과 함께하는 수상 마을 _ 128cm x 192cm _ 2017.05 _ 인레호수

Canon EOS 5D Mark III, FL 100mm

건축중인 수상 가옥 _ 128cm x 192cm _ 2017.05 _ 인레호수

Canon EOS 5D Mark III, FL 100mm

목조 송전탑 _ 135cm x 203cm _ 2017.05 _ 인레호수

Canon EOS 5D Mark III, FL 100mm

비행 _ 135cm x 203cm _ 2017.05 _ 인레호수

Canon EOS 5D Mark III, FL 100mm

chapter 7

인레호수 어부

Fisherman of Lake Inle

인레호수 위의 삶, 어부

인레호수에는 호수의 아들이라 불리는 소수 부족인 인타Intha 부족 10만명 중 약 80% 정도가 수상마을을 이루어 살고 있다.
인타 부족은 호수에서 주로 수상밭을 일구면서 고기를 잡아 생활해 왔지만 최근에는 관광업으로도 많은 변화를 추구하고 있는 중이다.

이곳의 어부들은 카누 비슷한 모양의 좁고 긴 날렵한 작은 배를 사용하여 고기를 잡는다. 한 쪽 발로 노를 톡톡 저으며 손 그물이나 어른 키보다 큰 커다란 대나무 통발을 이용해서 여전히 전통적인 방법으로 고기를 잡는 어부의 모습은 무척이나 낯설고도 기이한 풍경이다.

배가 작아서 어부는 배 위에서의 절대적인 균형감과 함께 힘도 있어야 한다. 한쪽발로 노를 젓는 것이 쉽지 않아 보이는데 다행히도 호수 주변에 큰 장애물이 없고 호수의 파도가 그리 높지 않아서 그나마 쉽게 노를 저을 수 있다.

호수의 아들 인타 부족 _ 115cm x 173cm _ 2017.05 _ 인레호수
Canon EOS 5D Mark III, FL 100mm

외발 노젓기 _ 124cm x 186cm _ 2017.05 _ 인레호수

Canon EOS 5D Mark III, FL 100mm

손 그물 낚시 _ 133cm x 200cm _ 2017.05 _ 인레호수
Canon EOS 5D Mark III, FL 100mm

절대적인 균형감 _ 135cm x 203cm _ 2017.05 _ 인레호수

Canon EOS 5D Mark III, FL 100mm

물고기 통발_ 128cm x 192cm _ 2017.05 _ 인레호수

Canon EOS 5D Mark III, FL 100mm

chapter 8

보트 여행

Boat Trip

보트여행은 보트를 타고 하루 종일 인레호수 주변과 파고다, 소수 부족인 인타 부족이 운영하는 수상시장 등을 돌아보는 여행이다.

관광용 보트와 교통수단으로서의 보트, 화물용 보트가 분주히 오가고 있어 늘 붐비는 호수는 활기찬 미얀마인의 삶의 터전이기도 하다. 관광용 보트는 정원이 6명이지만 마을과 마을을 이어주는 지역 주민 이용 보트는 거의 20명까지 타기도 해서 조금은 위태로워 보인다.
호수 주변의 파고다를 드나드는 스님들의 모습도 자주 눈에 띄는데 인레호수는 고도가 높고 보트 운행시 속도를 내 달릴 때는 바람이 불어 시원하지만 한낮에는 빛이 강해서 이를 피하거나 오히려 빛을 다양하게 즐기는 흔치 않은 광경을 보는 재미가 있다.

더불어 사는 삶 _ 117cm x 176cm _ 2017.05 _ 인레호수

Canon EOS 5D Mark III, FL 100mm

불심을 가득 싣고 _ 128cm x 193cm _ 2017.05 _ 인레호수

Canon EOS 5D Mark III, FL 100mm

일광욕 _ 99cm x 99cm _ 2017.05 _ 인레호수

Canon EOS 5D Mark III, FL 100mm

햇빛 즐기는 세 가지 방법 _ 120cm x 120cm _ 2017.05 _ 인레호수

Canon EOS 5D Mark III, FL 100mm

햇빛 함께 가리기 _ 135cm x 135cm _ 2017.05 _ 인레호수

Canon EOS 5D Mark III, FL 100mm

수확물을 가득 싣고 _ 135cm x 203cm _ 2017.05 _ 인레호수
Canon EOS 5D Mark III, FL 100mm

장터로 가는 길 _ 122cm x 183cm _ 2017.05 _ 인레호수

Canon EOS 5D Mark III, FL 100mm

chapter 9

수상밭

Floating Garden

인타 부족은 쭌묘라고 불리는 인레 호수 위 수상 밭에서 농사를 지으며 살고 있다.

쭌묘는

대나무로 엮어 만든 구조물에 진흙과 수초를 사용해서 호수 위에 띄워 놓은 움직이는 밭인데 일종의 매우 큰 규모의 수경재배지이다.
대나무의 속이 비어 있어서 물에 잘 뜨는 원리를 이용한 이러한 수상재배는 약 100년 전부터 해오는 방식으로 주 재배종인 방울 토마토, 오이 등의 채소 품질이 매우 좋은 편이라고 하는데 그 맛을 볼 수 없어서 아쉬웠다.

밭고랑에 앉아 김을 매듯 배를 타고 밭일을 하고 있는 모습이 매우 독특하다.

움직이는 밭 _ 133cm x 200cm _ 2017.05 _ 인레호수

Canon EOS 5D Mark III, FL 100mm

수확의 기쁨 _ 129cm x 193cm _ 2017.05 _ 인레호수

Canon EOS 5D Mark III, FL 100mm

김 매러 가는 중 _ 116cm x 174cm _ 2017.05 _ 인레호수

Canon EOS 5D Mark III, FL 100mm

퇴적물 제거 작업 _ 135cm x 203cm _ 2017.05 _ 인레호수

Canon EOS 5D Mark III, FL 100mm

달콤한 휴식 _ 122cm x 183cm _ 2017.05 _ 인레호수
Canon EOS 5D Mark III, FL 100mm

Section V

표정 있는 미얀마

chapter 10

미얀마의 눈

Eyes of Myanmar: 5-day-old Myanmar

미얀마에서 만난 아이들의 눈이 오랫동안 기억에 남는다.

처음 여행을 시작할 때에는 인물 사진을 찍을 생각을 하지 않았다.
낯선 풍경을 담아야지 하는 단순한 생각이 전부였다.
순간 순간 여행자들을 따라 다니며 기념품을 팔거나 부모와 함께 여행을 하며 사원에서 기도하는 미얀마 아이들이 낯선 이방인에게 눈인사를 하며 쉽게 마음의 문을 열어주는 맑고 순수한 눈망울에 그만 나도 모르게 감동하고 말았다.

우리나라의 가장 소중한 자원이 사람이었듯이 이 순박한 아이들이 잘 자라서 미얀마의 미래를 만들어 나가는 소중한 자원이 될 것이다.

그리고

생후 5일된 미얀마 아가와의 만남은 여행 중 가장 큰 행운이었다.

20대 초반의 젊은 엄마와 아빠를 둔 아가는 생후 5일째 되는 날, 젊은 할아버지와 함께 처음으로 나들이를 나왔다.
할아버지의 무릎 위에서 잔잔한 피아노 소리를 들으며 세상과 소통하는 5일된 미얀마 아가의 미소는 그야말로 Backpacker인 내게 미얀마가 준 가장 큰 선물이었다.

감사하게도 할아버지의 동의를 얻어 5-day-old Myanmar를 카메라에 담을 수 있었다.

세상을 향하여_ 121cm x 121cm _ 2017.05

Canon EOS 5D Mark III, FL 100mm

이제는 자고 싶어요_ 123cm x 123cm _ 2017.05

Canon EOS 5D Mark III, FL 100mm

간절한 기원 _ 132cm x 132cm _ 2017.05

Canon EOS 5D Mark III, FL 100mm

밍갈리바! _ 131cm x 131cm _ 2017.05

Canon EOS 5D Mark III, FL 100mm

누구신가요? _ 90cm x 60cm _ 2017.05
Canon EOS 5D Mark III, FL 100mm

함께 드실래요? _ 135cm x 90cm _ 2017.05

Canon EOS 5D Mark III, FL 100mm

푸른 망고 장아찌를 함께 나눠 먹은 아이 _ 125cm x 125cm _ 2017.05

Canon EOS 5D Mark III, FL 100mm

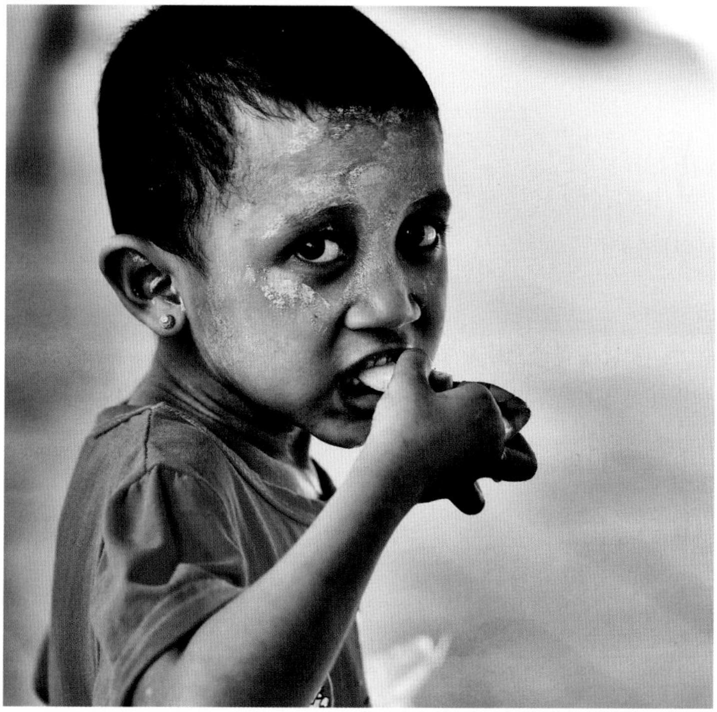

뽀빠산에서 만난 소녀 _ 133cm x 133cm _ 2017.05

Canon EOS 5D Mark III, FL 100mm

제 것도 사주세요 _ 90cm x 60cm _ 2017.05

Canon EOS 5D Mark III, FL 100mm

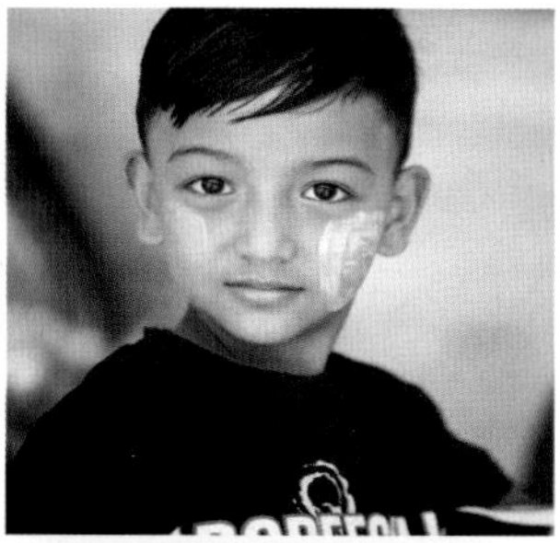

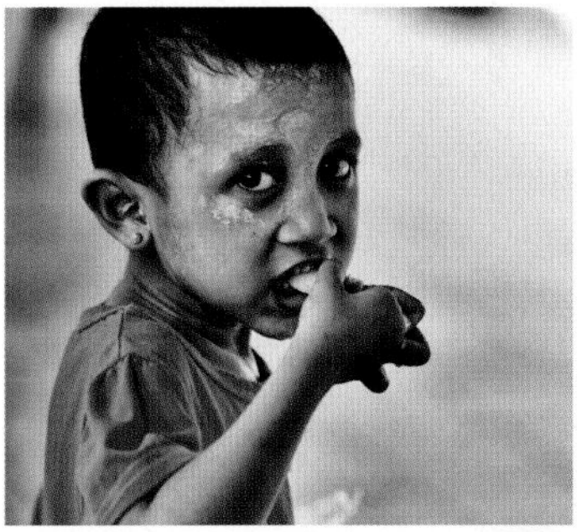

chapter 11

미얀마의 미소

Smile of Myanmar

밍갈리바! 안녕하세요!

늘 미소를 짓는 미얀마 사람들!

내가 만난 미얀마 사람들은 늘 온화한 미소를 띠고 있었다.

낯선 이방인을 반겨주는 미얀마 사람들의 표정은 너무나 맑고 투명하다.
미얀마 사람들도 다양한 감정과 표정들을 가지고 있을텐데 그들의 얼굴에는 늘 자연스러운 미소가 배어 나온다.

자기 감정을 조절할 줄 아는 불심이 가득한 불자 Buddhist들이어서일까?

그들의 미소에 가득 담겨있는 타인과 이방인에 대한 배려 덕분에 미소로서 그들과 따뜻한 무언의 대화도 나눌 수 있었다.

늘 웃는 얼굴로 사람을 대하는 일이 쉽지 않음을 알기에 그들의 미소 띤 얼굴에 한 번 더 눈길이 머문다.

트럭 위에서 만난 상인 _ 131cm x 131cm _ 2017.05 _ 바간

Canon EOS 5D Mark III, FL 100mm

채소 가게 주인 _ 131cm x 131cm _ 2017.05 _ 인데인

Canon EOS 5D Mark III, FL 100mm

망고스틴 과일 가게 청년 _ 31cm x 31cm _ 2017.05 _ 만달레이

Canon EOS 5D Mark III, FL 100mm

수줍은 미소의 꽃가게 아가씨 _ 123cm x 123cm _ 2017.05 _ 인데인

Canon EOS 5D Mark III, FL 100mm

chapter 12

미얀마의 손

Hands of Myanmar

인레호수가 있는 샨주의 인타 부족에게 가장 중요한 파웅도우 파고다 안에는 14세기경 부터 안치되어 온 5개의 불상이 있는데 지금은 마치 울퉁불퉁한 금덩어리처럼 보인다.

미얀마 사람들의 금박 보시의 결과물이다.

Hands of Myanmar

금박으로 보시하는 불자들의 모습은 미얀마 이곳 저 곳에서 많이 볼 수 있는 광경이지만 특히나 만달레이의 마호바니 파고다와 함께 금박을 보시하는 미얀마의 손Hands of Myanmar 에서 묻어나는 정성스러움은 보는 사람들의 마음을 매우 경건하게 만든다.

이 신령스러운 불상 섬김으로 호수의 범람을 막아 마을을 지키고 수상 밭에서의 풍년과 함께 풍어를 기원하는 인타 부족의 마음을 엿볼 수 있다.

예전에 불상을 외부로 반출하는 인타족 축제 기간 중에 불상을 이 파고다 근처 호수에 빠뜨린 적이 있다고 하는데 현재는 그곳에 금빛의 탑을 세워 놓았다.
그 이후로는 축제 기간 중 불상을 반출할 때에는 한 개는 반드시 남겨 놓는다고 한다.

다섯 불상 _ 105cm x 105cm _ 2017.05 _ 인레호수 파웅도우

스마트 폰 LG-F 600L

금박 보시의 손길 _ 124cm x 124cm _ 2017.05 _ 인레호수 파웅도우

Canon EOS 5D Mark III, FL 100mm

금박 보시의 손길 _ 131cm x 131cm _ 2017.05 _ 인레호수 파웅도우

Canon EOS 5D Mark III, FL 100mm

금박 보시의 손길 _ 121cm x 121cm _ 2017.05 _ 인레호수 파웅도우

Canon EOS 5D Mark III, FL 100mm

금박 보시의 손길 _ 118cm x 118cm _ 2017.05 _ 인레호수 파웅도우

Canon EOS 5D Mark III, FL 100mm

불심으로 되살려 낸 금빛의 탑 _ 135cm x 135cm _ 2017.05 _ 인레호수 파웅도우

Canon EOS 5D Mark III, FL 100mm

chapter 13

미얀마의 맨발

Barefeet of Myanmar

사원을 출입할 때에는 반드시 맨발로 들어가야 한다.

남방 불교의 교리상 모든 사원의 방문자는 반드시 맨발이어야 하는데 처음 신발을 벗고 사원을 들어설 때는 조금 어색하지만 금방 맨발의 홀가분함에 익숙해져 오히려 신발 신는 것이 불편해진다.
맨발로 옛 바간 왕조 사원들을 천천히 걷는 것도 이채로운 경험이다.
덤으로 부처님을 공경하는 미얀마 사람들의 발의 표정도 무척이나 다양함을 알게 된다.
이 사원 저 사원을 맨발로 돌다 보면 나 또한 옛 바간의 불자가 되어서 마음이 평화로워져 나도 모르게 잠시나마 극락 정토를 경험하게 된다.

문명의 이기에 익숙해진 나를 잠시 잊고 맨발의 가벼움으로 낯선 곳에서의 평화로움을 느껴보자.

홀가분함 _ 103cm x 103cm _ 2017.05 _ 바간

Canon EOS 5D Mark III, FL 100mm

평화로움 _ 104cm x 104cm _ 2017.05 _ 바간
Canon EOS 5D Mark III, FL 100mm

벗어남 _ 119cm x 119cm _ 2017.05 _ 바간
Canon EOS 5D Mark III, FL 100mm

부처님께 향하는 발걸음 _ 113cm x 113cm _ 2017.05 _ 만달레이

Canon EOS 5D Mark III, FL 100mm

chapter 14

파오 소수 부족

Pa-O, one of 135 ethnic groups of Myanmar

파오Pa-O 부족 자치구에 있는 까꾸 유적지는 인레호수 낭쉐에서 출발해서 고산지역인 샨주의 주도 따웅지Taunggyi를 거쳐서 택시로 3시간 정도 걸리는 비교적 먼 거리에 있다.

까꾸에서 인레호수로 흐르는 강 한 켠에 자리잡은 이 유적지는 2,500여 불탑으로 이루어진 파고다 군으로 미얀마 그 어디에서도 볼 수 없는 매우 장엄한 광경을 보여 준다.
까꾸는 미얀마어로 돼지를 뜻하는 와꾸에서 유래되었다고 하는데 파고다군의 한 가운데에는 기원전 3세기경 인도 아쇼카 왕이 보낸 보물도 안치되어 있다.

지금도 까꾸에서는 여전히 불탑이 세워지고 있지만 총 2,500개가 관리되고 있으며 끝이 뾰족한 스투파나 무덤 또는 원형탑 등 취향에 따라 다양한 모양으로 세워지고 있다.

유적지와 함께 이곳에 거주하는 현지 파오 부족 사람을 만나는 행운을 얻었다.

아기와 함께 한 젊은 엄마와 멋지게 차려 입은 아가씨, 유적지를 돌며 마주친 파오 부족 전통 복장의 아주머니와 할머니의 모습에서 세월이 흘러도 자신들의 전통을 지켜내려는 정신을 엿볼 수 있었다.

원래 파오 부족은 고산지대에 살아 한여름에도 비교적 선선하기 때문에 남녀 모두 검정색의 긴 옷을 주로 입어 특별히 멋을 내기가 어려운 복장이라서 미얀마어로 파오Pa-O 라고 하는 머리 터번을 이용해서 멋을 부려왔다고 하는데, 남녀 모두 검은 옷에 직접 짜서 만든 컬러풀한 머리 터번을 하고 녹색의 천 가방을 어깨에 메는 비슷한 모습을 하고 있다. 최근 들어서는 검정색이 일부 청색으로 변화되고 있다고 한다.

고산지대에 주로 살던 파오 부족이 최근에는 정부의 지원으로 상당수가 저지대로 내려와 살고 있어서 전통 복장을 좀 덥게 느끼는 젊은 층을 중심으로 패션에도 많은 변화가 오고 있다.

까꾸 파고다 내에서는 파고다를 지키는 다양한 수호신들을 보게 되는데 이 수호신들의 얼굴 표정을 자세히 들여다 보면 왜 미얀마 사람들이 늘 선하고 평화로운지 조금은 알 수 있게 된다.

그렇다.

이 수호신들이야말로 오래 전부터 이곳에 살아온 진정한 부처의 모습이 아닐까?

엄마와의 외출 _ 122cm x 122cm _ 2017.05 _ 까꾸

Canon EOS 5D Mark III, FL 100mm

전통 복장의 아가씨 _ 124cm x 124cm _ 2017.05 _ 까꾸
Canon EOS 5D Mark III, FL 100mm

전통 복장의 아가씨 _ 124cm x 124cm _ 2017.05 _ 까꾸

Canon EOS 5D Mark III, FL 100mm

전통 복장의 아주머니 _ 134cm x 134cm _ 2017.05 _ 까꾸

Canon EOS 5D Mark III, FL 100mm

전통 복장의 할머니 _ 135cm x 135cm _ 2017.05 _ 까꾸
Canon EOS 5D Mark III, FL 100mm

선함 _ 132cm x 132cm _ 2017.05 _ 까꾸

Canon EOS 5D Mark III, FL 100mm

평화로움 _ 120cm x 120cm _ 2017.05 _ 까꾸
Canon EOS 5D Mark III, FL 100mm

자비로움 _ 120cm x 120cm _ 2017.05 _ 까꾸
Canon EOS 5D Mark III, FL 100mm

chapter 15

인데인 5일장

Inthein 5-day Market

인데인에는 17세기경 건립된 유적인 총 1,000여 개의 뾰족한 파고다가 마을 언덕 전체를 덮고 있다.

샨주의 뾰족한 탑의 형태는 보리수 나뭇잎을 반으로 접었을 때의 모습에서 기인한다고 하는데 그 어디에서도 볼 수 없는 매우 특이한 모습을 하고 있다.

인데인으로 가는 도중에 만난 5일장은 규모가 크고 볼거리가 다양하다.

유적지 _ 105cm x 158cm _ 2017.05 _ 인데인

스마트 폰 LG-F 600L

계란 가게 _ 105cm x 157cm _ 2017.05 _ 인데인 5일 장터
Canon EOS 5D Mark III, FL 100mm

곡식 가게 _ 102cm x 154cm _ 2017.05 _ 인데인 5일 장터

Canon EOS 5D Mark III, FL 100mm

옷 가게 _ 110cm x 165cm _ 2017.05 _ 인데인 5일 장터

Canon EOS 5D Mark III, FL 100mm

전통 복장의 채소 상인 _ 133cm x 199cm _ 2017.05 _ 인데인 5일 장터

Canon EOS 5D Mark III, FL 100mm

과일 가게 _ 62cm x 93cm _ 2017.05 _ 인데인 5일 장터

Canon EOS 5D Mark III, FL 100mm

미얀마의 생활 Life in Myanmar

군부 통치 이후에 최근 개혁과 개방을 시도하고 있는 미얀마,
아직까지도 미야마만의 특별한 모습이 이곳 저곳에 많이 살아 있다.
그네들만의 문화에 다가서보자.

미얀마인의 천연화장품 타나카Thanakha

미얀마 여행 중에 반드시 만나게 되는 타나카

남녀노소를 불구하고 늘 얼굴에 바르고 있는 이 천연 화장품은, 미얀마의 건조한 땅에서 자라는 타나카 나무로부터 추출된 것인데 약 2000년 전부터 사용하여 왔다고 한다.
타나카 나무를 잘라서 물과 함께 돌판에 갈아서 만든 썬 크림과 같은 성분의 타나카는 태양으로부터 피부도 보호하고 미백효과도 있다.
미얀마 여인들의 피부가 다른 동남아 국가 여인들의 피부보다 더 좋은 이유가 여기에 있다고 한다.

남녀 모두 얼굴에 당당하게 바르는 타나카에 미얀마인들의 자긍심이 엿보인다.

타나카 _ 126cm x 126cm _ 2017.05

Canon EOS 5D Mark III, FL 100mm

미얀마인의 애호품 꽁야Kunya

양곤 시내를 돌아다니다 보면 미얀마 사람들이 무엇인가를 씹는 것을 자주 보게 된다. 이것은 꽁야Kunya 라고 하고 일종의 잎담배로 길거리 노점상에서 쉽게 볼 수 있으며 미얀마 사람들의 치아가 붉은 것은 이것을 좋아해서 그렇다고 한다.

꽁야를 만들 때는 꽁잎과 그 위에 칠하는 하얀 석회Tong 과 함께 여러 가지 열매를 함께 넣는데 이때 사용하는 열매들에 따라서 일부는 각성 효과도 있고 약으로서의 효과도 있어서 평소에 미얀마인들이 애용하고 있다.

예로부터 꽁야로 손님도 접대하고 이를 씹으면서 대화도 하는 좋은 문화였지만 치아를 붉게 하고 거리가 지저분해지는 문제점이 있어서 최근에는 조금씩 줄고 있다.

꽁야

Canon EOS 5D Mark III, FL 100mm

물 항아리

모두를 위한 배려

나눔의 전통이 살아 있는 물 항아리,
길 가는 사람이면 누구나 마시고 갈 수 있다.

이 물 항아리 용도만 보아도 미얀마 사람들이 일상 생활에서 타인에 대한 배려가 얼마나 큰지를 짐작할 수 있다. 마을은 물론 시내 공공장소 어디서든 이 물 항아리를 만날 수 있다.

물 항아리 _ 94cm x 94cm _ 2017.05

스마트 폰 LG-F 600L

롱지

미얀마 남성은 통으로 된 치마인 롱지라고 하는 전통의상을 즐겨 입는다.
상의는 주로 흰색의 남방이나 티셔츠를 자유롭게 입고, 하의는 롱지가 거의 생활화 되어 있다. 여성용 롱지와 남성용 롱지는 허리 부분의 매듭으로 구분하는데 특히 외국인의 눈에는 남성용 롱지의 매듭 부분이 매우 특이하게 보인다.

미얀마에서는 롱지 속에 속옷을 입지 않는 것이 전통이라고 하며,
롱지를 입으면 치마처럼 폭이 좁아 성큼 성큼 걸을 수가 없어서 그런지 미얀마 남성들의 걸음걸이는 여자들처럼 매우 차분하다.

필자도 한 번 입어 보았는데 걸음걸이가 좀 불편했지만 바지에 비해 개방감이 있어서 의외로 시원했다.

롱지 _ 125cm x 125cm _ 2017.05

Canon EOS 5D Mark III, FL 100mm

오토바이

동남아에서 흔히 보는 오토바이, 동남아 도시들이 그렇듯 오토바이는 미얀마 도심지역의 남녀노소 모두에게 중요한 교통 수단이다.
혼자 타거나 둘이 타는 것이 보통인데 미얀마에서는 유난히 3명씩 타는 오토바이가 자주 눈에 띈다.

3인승 오토바이 _ 122cm x 122cm _ 2017.05

Canon EOS 5D Mark III, FL 100mm

까치 담배와 러펫예

러펫예는 미얀마의 전통차로 홍차에 밀크를 넣어 마시는 달콤한 밀크티다.
미얀마 전역에 있는 티숍Teashop 에서 흔히 맛 볼 수 있다.
별도의 담배 판매상이 아닌 티숍,
즉 우리로 하면 카페에서 러펫예와 함께 주문하는 담배가 매우 낯설게 보이지만
미얀마다운 호기심을 자극해서 나도 안 피우던 담배를 한 대 물어 보았다.
30년 전에 피던 맛과 크게 다르지 않았다.

달달한 러펫예와 담배

진정한 미얀마를 느끼게 해주는 티숍에 꼭 한 번 가 보도록 하자.

까치 담배와 러펫예 _ 61cm x 61cm _ 2017.05

Canon EOS 5D Mark III, FL 100mm

탁발

탁발은 미얀마에서 어딜 가나 흔히 볼 수 있는 풍경이다.
요즘 탁발은 음식은 물론 현금으로도 가능하다.

탁발을 한 후 감사의 기도를 함께 하는 모습이 무척이나 경건하고 진지하다.

탁발 _ 135cm x 135cm _ 2017.05

Canon EOS 5D Mark III, FL 100mm

연꽃Lotus

불교 사원에 가면 많이 볼 수 있는 연꽃Lotus

푸른 잎과 고운 꽃잎이 모두 아름다우면서 꽃이 피면 진흙에서의 불편한 냄새도 사라지게 하는 연꽃은 불교의 상징이다.
여는 불교 나라와 마찬가지로 미얀마의 불교 유적지에 있는 파고다의 각종 부조에서도 연꽃은 매우 중요하게 사용되었다.

인레호수 탐방에서 연꽃 줄기를 활용하는 인타 부족을 만날 수 있었다.

연꽃 줄기를 잘라서 실을 만들고 그 실로 다양한 의류를 만드는데 연꽃 줄기로 만든 실의 품질이 매우 뛰어나다고 한다.

실은 원래 색 그대로 그냥 사용하기도 하고 필요 시 염색도 해서 스카프나 가방 등을 만들어 판매하는데, 모두 수공이어서 실크 등에 비해서는 가격이 좀 비싼 편이다.

불심이 깊어 연꽃을 사랑하고 그 줄기까지도 잘 활용하는 인타 부족의 멋진 장인정신에 큰 박수를 보낸다.

로터스 실뽑기

Canon EOS 5D Mark III, FL 100mm

신쀼 의식

부처님의 출가를 그대로 모방해 미얀마의 남자들은 생애 두 번의 출가를 하게 된다.
보통 남자 아이들이 10세 무렵에 하는 첫번째 출가 의식을 신쀼라고 한다.

두 번째 출가는 성인이 되었을 때 한다.

신뿌 _ 108cm x 108cm _ 2017.05

Canon EOS 5D Mark III, FL 100mm

휴식의 완성 _ 194cm x 194cm _ 2017.05

Canon EOS 5D Mark III, FL 100mm

표정 있는 미얀마
The Kingdom of Gold

초판 1쇄 발행 2017년 10월 20일

저자 임찬호
발행인 이향준
발행처 (주)법률저널
등록일자 2008년 9월 26일
등록번호 제15-605호
주소 151-862 서울 관악구 복은4길 50 (서림동 120-32)
대표전화 02)874-1144 **팩스** 02)876-4312
홈페이지 www.lec.co.kr
ISBN 978-89-6336-310-3
정가 16,000원